3  4028 09516 4175
HARRIS COUNTY PUBLIC LIBRARY

D1294824

# Camiones monstruo en acción

## por Kerry Dinmont

BUMBA BOOKS™ en español

EDICIONES LERNER ◆ MINNEAPOLIS

## Nota para los educadores:

En todo este libro, usted encontrará preguntas de reflexión crítica. Estas pueden usarse para involucrar a los jóvenes lectores a pensar de forma crítica sobre un tema y a usar el texto y las fotos para ello.

ediciones Lerner
Una división de Lerner Publishing Group, Inc.
241 First Avenue North
Mineápolis, MN 55401, EE. UU.

Si desea averiguar acerca de niveles de lectura y para obtener más información, favor consultar este título en www.lernerbooks.com

**Library of Congress Cataloging-in-Publication Data**

Names: Dinmont, Kerry, 1982– author. | Granat, Annette, translator.
Title: Camiones monstruo en acción / por Kerry Dinmont ; la traducción al español fue realizada por Annette Granat.
Other titles: Monster trucks on the go. Spanish
Description: Minneapolis : Ediciones Lerner, [2017] | Series: Bumba books en español. Máquinas en acción | In Spanish. | Audience: Ages 4–8. | Audience: K to grade 3. | Includes bibliographical references and index.
Identifiers: LCCN 2016027542 (print) | LCCN 2016029781 (ebook) | ISBN 9781512428780 (lb : alk. paper) | ISBN 9781512429718 (pb) | ISBN 9781512429725 (eb pdf)
Subjects: LCSH: Monster trucks—Juvenile literature.
Classification: LCC TL230.15 .D5618 2017 (print) | LCC TL230.15 (ebook) | DDC 629.224—dc23

LC record available at https://lccn.loc.gov/2016027542

Fabricado en los Estados Unidos de América
1 – VP – 12/31/16

Expand learning beyond the printed book. Download free, complementary educational resources for this book from our website, www.lerneresource.com.

# Tabla de contenido

# Camiones monstruo

Los camiones monstruo son

camiones de transporte

muy grandes.

La gente ve *shows* de

camiones monstruo.

¿Por qué piensas que se les llama camiones monstruo?

Los camiones monstruo

son pesados.

Son altos.

Cada uno es más alto que

una persona.

Hombres y mujeres

conducen los

camiones monstruo.

La gente puede conocer

a los conductores y

ver los camiones antes

del *show*.

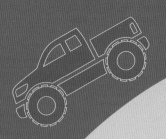

La mayoría de los *shows* se hacen en estadios.

Los estadios están llenos de pistas y rampas de tierra.

Los camiones monstruo están pintados. Algunos parecen animales. Otros están pintados de llamas o dientes.

¿Por qué piensas que la gente pinta los camiones monstruo?

Los camiones monstruo tienen

cuatro llantas grandes.

Pueden ser manejados sobre

una llanta.

Los camiones monstruo

hacen trucos.

Pueden subirse sobre casi

cualquier cosa.

Ellos aplastan los carros.

¿Cómo piensas
que los camiones
monstruo se
suben sobre
los carros?

Dos camiones compiten.

¡El primero en cruzar la línea

de meta gana!

Los *shows* de camiones

monstruo son ruidosos.

Es divertido verlos.

¿Quieres ver un *show*?

20

# Partes de un camión monstruo

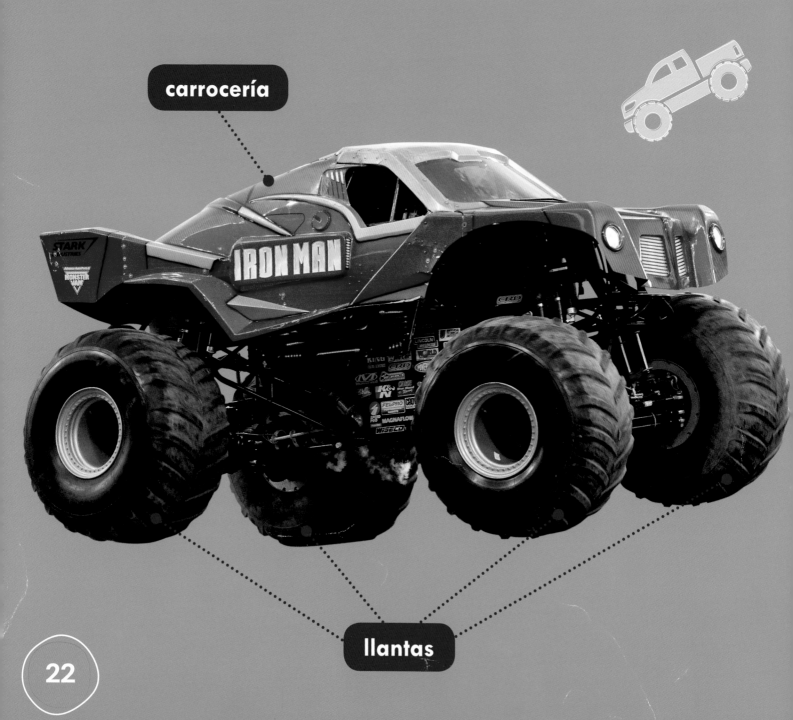

carrocería

llantas

# Glosario de las fotografías

**estadios**

grandes estructuras
donde se hacen eventos

**pintados**

cubiertos con pintura

**rampas**

cuestas o colinas
en la pista

**trucos**

habilidades que
se hacen para
entretener

23

# Índice

# Leer más

Bach, Rachel. *The Monster Truck Race.* Mankato, MN: Amicus, 2017.

Gordon, Nick. *Monster Trucks.* Minneapolis: Bellwether Media, 2014.

Silverman, Buffy. *How Do Monster Trucks Work?* Minneapolis: Lerner Publications, 2016.

## Crédito fotográfico

Las fotografías en este libro se han usado con la autorización de: © Piotr Zajac/Shutterstock.com, pp. 5, 23 (esquina inferior izquierda); © Natursports/Shutterstock.com, pp. 6, 8–9, 14, 22; © Action Sports Photography/Shutterstock.com, pp. 11, 23 (esquina superior izquierda); © Pavel L Photo and Video/Shutterstock.com, pp. 12–13, 20–21, 23 (esquina superior derecha); © Silvia B. Jakiello/Shutterstock.com, pp. 17, 23 (esquina inferior derecha); © Barry Salmons/Shutterstock.com, p. 18.

Portada: © Steve Lagreca/Bigstock.

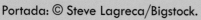